DEUX FAMILLES

DE

PARLEMENTAIRES

PAR

L. CHANOINE DAVRANCHES

ROUEN

IMPRIMERIE CAGNIARD (Léon GY, Successeur)

Rue Jeanne-Darc, 88

1900

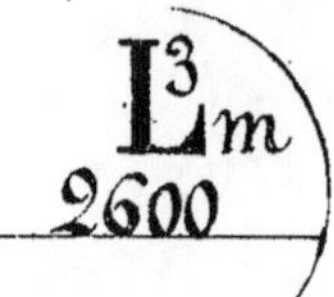

DEUX FAMILLES

DE

PARLEMENTAIRES

PAR

L. CHANOINE DAVRANCHES

ROUEN

IMPRIMERIE CAGNIARD (Léon GY, Successeur)

Rue Jeanne-Darc, 88

—

1900

DEUX
FAMILLES DE PARLEMENTAIRES

Par M. L. Chanoine DAVRANCHES

Les grandes familles alliées des Le Roux et des Groulard occupent dans l'histoire parlementaire de la Normandie une place si considérable qu'il est désirable de ne pas laisser dans l'oubli les documents qui les concernent et sont de nature à les faire mieux connaître.

Guillaume Le Roux, premier du nom, sieur de Becdale et de Saint-Aubin d'Ecrosville, avait été nommé Conseiller au Parlement de Rouen dès l'établissement de cette haute juridiction. Il venait d'acquérir de Louis de Rohan-Guéménée le fief du Bourgtheroulde, et de Jean de Ferrières, la terre et le château de Tilly. Il fut inscrit sur les registres de la Cour souveraine de Normandie sous le nom de seigneur de Bourgtheroulde et de Tilly.

Il s'était marié, en 1486, à Jeanne Jubert, fille du sieur de Vesly. Il en eut quatorze enfants.

L'aîné, Guillaume II, était un savant doublé d'un homme de goût. Ce fut lui qui commença d'édifier le logis merveilleux qui porte le nom de sa famille, l'hôtel du Bourgtheroulde. Il avait été nommé avant l'âge canonique et par autorisation spéciale du cardinal-légat, abbé d'Aumale et du Val-Richer. François Ier, qui appréciait ses hautes qualités d'intelligence et de tact, le comprit au nombre des délégués qu'il envoya à Rome pour la négociation du Concordat. Avant de partir, voulant mettre ordre à ses affaires et régler des intérêts de famille qui lui étaient chers, il renonça par avance, le 28 juillet 1515, en faveur de Claude Le Roux, son frère cadet, aux droits qui pouvaient lui revenir dans la succession de ses parents, notamment sur les seigneuries de Lucy et de Bourgtheroulde. Le père de famille qui assistait à l'acte, en approuva les dispositions.

Guillaume Ier mourut en 1520 ; sa succession resta indivise pendant plusieurs années entre ses héritiers. En 1528 le partage en fut fait et la terre de Bourgtheroulde attribuée, à raison de la renonciation de l'abbé d'Aumale, au second fils Claude. Le troisième fils, Nicolas, qui devint plus tard Conseiller clerc au Parlement eut pour sa part la seigneurie de Saint-Aubin-d'Ecrosville, dont il prit le titre, et deux maisons sises en la paroisse de Saint-Sauveur de Rouen, contiguës à l'hôtel de Bourgtheroulde et portant l'enseigne, la première, du Bœuf-Couronné, la seconde, de la Couronne. On en verra plus tard la désignation plus exacte.

Claude Ier succéda à son père dans les fonctions de conseiller. D'un premier mariage avec Jeanne de Calenge, fille du Président de ce nom, il eut quatre enfants : Claude, Robert, Jean et Marie qui devait plus tard devenir dame de Quièvremont. Ces enfants étaient mineurs au moment de son décès, en novembre 1537. La garde noble en fut confiée à leur oncle Nicolas Le Roux, sieur d'Ecrosville, jusqu'en 1544, époque à laquelle l'aîné des fils, Claude II, devenu majeur, fut constitué gardien de ses frères et sœur.

Quand tous les enfants eurent atteint leur majorité, ils procédèrent au partage de la succession de leur père : Claude, l'aîné, conseiller à la Cour des Comptes de Paris, eut la seigneurie de Bourgtheroulde, Robert, celle de Tilly, Jean, l'hôtel du Bourgtheroulde, à Rouen, ainsi désigné dans l'acte : « La grande maison, édifices et tènements que tenait le défunt sieur de Bourgtheroulde, assise au marché à veaulx et estant ès-paroisses de Saint-Michel et Saint-Eloy de Rouen, avecque toutes les maisons et louages adjacentes de la dite maison ; la maison où pend pour enseigne les Gens de mer jusques et y compris la maison qui fut appelée la maison de Castayne, joignant la porte de derrière du grand logis. » Toutefois Jean Le Roux n'avait de l'hôtel que la nue-propriété : Claude 1er, son père, veuf, en 1531, de Jeanne de Calenge, avait, en effet, épousé en secondes noces Magdeleine Payen et celle-ci exerçait l'usufruit résultant de son douaire, sur l'hôtel de Bourgtheroulde. Elle l'avait même donné à bail à son beau-fils Claude par acte du 5 août 1548.

L'hôtel familial était donc en fait entre les mains de Claude Le Roux, lorsque, le 23 juin 1556, Nicolas et Claude Le Roux convoquèrent les enfants devenus majeurs pour leur rendre compte de la garde qu'ils avaient exercée. L'acte passé à ce sujet est intéressant à connaître : on y voit comment Claude Le Roux, ayant réclamé à son oncle le revenu des terres du pays de Caux et du Prieuré d'Auffay, dont il était titulaire, revenu que Nicolas Le Roux avait touché indûment, reçut de celui-ci, à titre de paiement, les deux maisons de la Couronne et du Bœuf couronné.

« Comme après le décès et trépas de feu noble homme et maître Claude Le Roux, sieur du Bourgtheroulde, conseiller au Parlement de Rouen, advenu au mois de novembre 1537, Claude, Robert, Jean et Marie, ses enfants et héritiers, fûssent demeurés sous-âges et mineurs, dont la garde desquels avait été adjugée par la Chambre des Comptes à noble homme Monsieur et Maître Nicolas Le Roux, sieur d'Ecrosville, abbé d'Aubmalle, aussi conseiller au Parlement de Rouen, oncle paternel des dits sous-âges, par le prix de 500 livres venants au roi ; lequel sieur depuis avait fait don des fonds de la dite garde audit seigneur gardien, parce que les fonds de la dite garde reviendraient au profit des sous-âges mineurs... laquelle garde et administration avait été exercée par le dit sieur d'Ecrosville jusqu'au terme Saint-Michel 1544, ce terme exclu et non compris, depuis lequel temps le dit maître Claude fils aîné venu en âge auquel avait été délaissée la dite garde, avait depuis administré jusqu'au jour où Robert et Jean ses frères sont devenus en âge ; et voyant le dit sieur gardien les dits Claude, Robert et Jean être âgés, les a assemblés afin de leur rendre son dit compte... De quoy ses dits neveux connaissant que le dit sieur gardien, leur oncle, avait eu de grands labeurs et peines pour la garde de leurs biens et revenus durant le temps qu'il en avait eu l'administration, non voulant travailler de part et d'autre à l'audition des dits comptes et pour mettre leur oncle en repos et tranquillité, se sont condescendus volontairement faire une quittance générale de tout le temps qu'il avait eu leur dite administration et l'ont quitté et déchargé de toutes choses ainsi que plus amplement est déclaré en la dite quittance signée d'eux le 9ᵉ jour de mars 1554. En signant laquelle quittance le dit sieur maître Claude aurait fait remonstrance au sieur du Bourgtheroulde son oncle qu'il était grandement plus intéressé plus que ses autres frères, disant que le dit sieur son oncle avait reçu durant la dite garde les revenus du pays de Caux, à lui appartenant comme aîné, et même que, durant le dit temps, il avait reçu les deniers provenant du Prieuré d'Auffay dont il était alors titulaire qui se montent à grande somme de deniers annuels, outre le revenu de ses frères.

« Ce que a présentement reconnu le dit sieur d'Ecrosville, lequel, pour récompenser des choses dessus dites maître Claude et afin aussi de demeurer quitte vers lui a, mon dit sieur d'Ecrosville, pour lui, ses hoirs et ayant cause, cédé, transporté et délaissé et par ces présentes cède, transporte et délaisse à fin d'héritage à maître Claude Le Roux, sieur du Bourgtheroulde, pour lui et pour ses hoirs, la propriété et possession de deux maisons à lui appartenant, assises en la paroisse de Saint-Sauveur de Rouen, la première où pend pour enseigne *le Bœuf couronné*, bornée d'un bout le pavement du roi, d'autre bout la grande maison du Bourgtheroulde, d'un côté la maison du Cignot et d'autre côté la maison de la Couronne, — l'autre maison où pend pour enseigne *la dite Couronne*, assise en la dite paroisse de Saint-Sauveur, bornée d'un côté le pavement du roi, d'autre bout, la grande maison du Bourgtheroulde, d'un côté, la maison du Bœuf, et d'autre côté la maison du Dauphin, laquelle maison de la Couronne avait été retirée au nom du dit sieur du Bourgtheroulde, des deniers propres toutefois du dit sieur d'Ecrosville, au droit de clameur d'un marché de bourse d'un nommé Jehan Miret auquel elle avait été vendue par le dit sieur d'Ecrosville, pour jouir le dit sieur du Bourgtheroulde des dites deux maisons pour l'avenir, avec toutefois que le dit sieur d'Ecrosville, a retenu et réserve à lui sa vie durant l'usufruit des deux maisous par payant et rendant au dit sieur du Bourgtheroulde par chacun an la somme de 100 livres tournois pour la dite jouissance, et par le moyen de cette présente cession, le dit sieur gardien demeure quitte.... et outre a, le sieur de Tilly, pour avoir paix et amitié entre lui et le dit sieur du Bourgtheroulde, son frère, quitté et délaissé le dit sieur de Bourgtheroulde son frère aîné de l'administration qu'il avait eue de son bien et revenu, renonçant à lui en demander jamais aucunes choses... En témoin de la vérité ont signé le dit accord le 23ᵉ jour de juin 1556 ».

Claude Le Roux, continua et acheva la construction et les sculptures de l'hôtel de Rouen commencé par son frère Guillaume. Magistrat scrupuleux, attaché à ses fonctions, il n'hésita pas à se ranger parmi les parlementaires fidèles qui suivirent à Caen le premier président Groulard. Son dévouement à la cause royale le désigna aux violences des ligueurs; il fut un des plus atteints, avec son frère de Tilly, par les ravages de la guerre civile. — Pour se faire indemniser il présenta, comme chef de la famille, une requête au Parlement; le 22 décembre 1590, une enquête fut ordonnée et, le 16 mars 1592, un arrêt définitif constata « les grandes pertes, ruynes et dommages par lui soufferts tant en la vollerie et ravages de ses biens, meubles délaissés et abandonnés en ses maisons de Rouen, Bourgtheroulde, Sainte-Beuve, Tilly et autres lieux, que de la combustion des granges et autres édifices du dit Sainte-Beuve, dissipation et dégât de ses grains et fruits et non jouissance de ses rentes et revenus de ses immeubles ».

Cet arrêt ordonna réparation de tous les dommages causés « sur les ligueurs et rebelles auteurs du dit délit, « sur ceux de faux conseil establi à Rouen et générale-« ment tous autres qui se trouveront encore actuelle-« ment ligueurs et rebelles ».

Claude s'était marié vers 1550 à Marie Pottier. Il en eut deux fils, Claude, seigneur de Sainte-Beuve et Nicolas, sieur de Saint-Aubin, qui fut successivement conseiller au Parlement de Bretagne, conseiller au Grand Conseil, et président au Parlement de Rouen en 1602.

Le second fils de Claude Ier, Robert Le Roux, qui avait eu en partage la Seigneurie de Tilly, est l'auteur de la branche de ce nom. Nommé conseiller au Parlement de Normandie en 1554, il a, en cette qualité, pris une part importante à la révision de la coutume.

Il avait épousé, en premières noces, une demoiselle Valles, fille du seigneur d'Esmanville. Celle-ci étant morte en 1561, il contracta un second mariage avec Barbe Guiffard, fille de Thomas Guiffard et de Marie de Quintanadoine.

A l'époque de son décès survenu au mois de mai 1583, le fils qu'il avait eu de sa seconde femme, Robert Le Roux de Tilly, n'avait que six ans et demi. Il devait être régulièrement pourvu d'un tuteur. Sa mère Barbe Guiffard convoqua ses parents en conseil de famille devant le Lieutenant-Général du Bailliage de Rouen. Après une première réunion restée infructueuse par suite de l'absence des principaux parents, le conseil se constitua le 21 février 1584. Le procès-verbal qui fut dressé de cette seconde réunion fait connaître, non sans profit pour l'histoire de la famille, les alliances des sieurs de Bourgtheroulde et de Tilly.

On voit comparaître d'abord : Claude Le Roux, sieur du Bourgtheroulde et Nicolas Le Roux, sieur de Saint-Aubin ; puis, Loys Bretel sieur de Lanquetot, conseiller au Grand Conseil ;

Claude Le Georgelier, sieur du Boys, Jérôme Vauquelin, sieur de Méheudin, conseiller au Parlement de Normandie (1) cousins du côté paternel à cause de leurs femmes ;

François de Quièvremont, sieur de Heudreville, cousin du même côté ;

Charles de Reneville, le jeune, sieur du lieu et du Parquet, cousin du même côté à cause de sa femme ;

(1) Il avait épousé Charlotte Le Roux, fille de Claude.

Jacques Jubert, sieur du Thil, conseiller à Rouen et Premier Président aux Requêtes du Palais, cousin du côté paternel et oncle du côté maternel;

Henri Jubert, sieur de Brécourt, Pierre Jubert, sieur de Bonnemare;

Guillaume Jubert, sieur d'Harquency, conseiller du roi et Général en sa Cour des Aides de Normandie;

Antoine Le Grand, sieur de La Haye, conseiller au Parlement de Rouen;

Robert de Bois-l'Evêque, sieur d'Omonville, greffier civil à la même Cour;

Antoine de Bois-l'Evêque, sieur d'Epreville, conseiller au Parlement;

Jacques de Croixmare, sieur de Saint-Just, aussi conseiller, cousins du côté paternel;

Guillaume Angot, sieur de Fontaine, avocat au Parlement, cousin du côté paternel;

Charles Marais, procureur à la même Cour;

Robert Le Prévost, sieur de Toustainville, cousin du même côté;

Louis Le Caron, sieur du Fossey, cousin des deux côtés;

Fernand de Quintanadoyne, sieur de Brétigny;

Alonce de Quintanadoyne, écuyer, sieur de Saint-Linard;

Jean de Quintanadoyne, chanoine à l'église cathédrale, oncles du côté maternel;

Marie de Quintanadoyne, veuve de Thomas Guiffard, sieur de Nouvettes, oncle du côté maternel;

Robert d'Hanyvelle, sieur de la Chevallerie;

Adrien Toustain, sieur de Frontebosc ;

Antoine de Civille, sieur de Bouville ;

Adrien de Medyne, notaire et secrétaire du roi ;

André de Salmangue ;

Guillaume Gallet, sieur de Mondestours ;

Geuffroy Gavyon.

Cousins du côté maternel :

Nicolas Romé, sieur de Fresquienne, baron de Bec-Crespin, conseiller du Roi en son conseil privé et aussi cousin du côté maternel ;

Charles Maignard, sieur de Bernières, conseiller du roi et général en sa Cour des Aides ;

Et honorables hommes Vincent et Leger dits Dantan, aussi cousins du côté maternel.

Le conseil constitué prend connaissance du testament du sieur de Tilly décédé, qui nomme sa femme tutrice principale, et tuteurs consultants MM. du Thil et de Heudreville. Il confirme ces désignations, adjoint le sieur de Bourgtheroulde aux tuteurs consultants et, dans le cas où la veuve aurait à intenter une action contre son fils, nomme le sieur de Bourgtheroulde tuteur principal.

La dame de Tilly accepte les fonctions qui lui sont confiées « pour le zèle et affection maternelle qu'elle porte à son fils et pour les bons et agréables traictements qu'elle a reçus de son défunt mari. » Elle est proclamée tutrice et obtient la délivrance de son douaire.

Cinq mois s'étaient à peine écoulés, qu'on apprenait son second mariage avec Claude Groulart, sieur de la

Court et de Torcy, alors conseiller au Grand Conseil et qui devint, l'année suivante, d'abord par commission, puis en titre d'office, Premier Président du Parlement de Normandie (1).

Groulart fut tout naturellement chargé de la garde noble de son beau-fils mineur.

Il s'occupait avec activité de la révision de la coutume et de la réformation des abus qui s'étaient introduits dans l'administration de la justice lorsqu'éclatèrent les troubles de la Ligue depuis longtemps préparés par l'insatiable ambition de la maison de Lorraine.

Le roi, mal conseillé, venait de quitter sa capitale et de signer l'Édit d'union qui reconnaissait le droit des rebelles et l'exhérédation des princes protestants. Il s'était retiré à Chartres, puis à Rouen. Son séjour momentané dans cette dernière ville ne devait pas ramener à son parti la Normandie, à peu près acquise à ses ennemis. La mort tragique des Guise ne fit que surexciter les esprits. Le Conseil supérieur de la Ligue s'empressa de décerner au duc de Mayenne la lieutenance générale du royaume. Rouen fut une des premières villes qui répondirent à son appel. En vain, le Parlement chercha à conjurer l'orage; il fut bientôt débordé; le 3 février 1589, le Premier Président Groulard quittait la ville pour n'y plus rentrer que cinq ans après. Mayenne s'y transporta, fomenta le soulèvement général qui s'étendit rapidement à la plus grande partie de

(1) Il était veuf depuis le mois de février 1584, d'Elisabeth Bouchard, dont il avait eu un fils Claude Groulart, mort à l'âge de cinquante ans, conseiller à Rouen.

la province. Seules, quelques villes, suivant l'exemple de Caen, où Groulart s'était retiré, continuèrent à tenir pour le roi. L'assassinat de Henri III porta à son comble le trouble et l'anxiété. La défense s'organisait difficilement. L'activité déployée par Henri IV et ses rapides succès, rétablirent heureusement la confiance ébranlée. Les chefs de la Ligue commencèrent à négocier. Bassompierre, qui commandait les reîtres de l'armée rebelle, crut pouvoir écrire à Groulart pour lui signaler le danger que couraient ses propriétés; sa maison de Saint-Aubin-le-Cauf était désignée pour être rasée, mais « il se portait garant qu'il ne serait fait à Groulard aucun desplaisir en sa personne ni en ses biens, s'il se retirait du service du nouveau roi. »

Groulart se contenta de manifester « son étonnement qu'on l'eut prist pour un ennemy, veu qu'il avait tasché en ses comportements si modestement se gouverner que l'on cogneust qu'il estoit affectionné à la religion catholique et à la conservation de l'Estat. » Il protestait ainsi indirectement contre le bruit méchamment répandu qu'il appartenait à la religion réformée.

La protection de Bassompierre était une garantie qui n'était pas à dédaigner dans ces temps d'anarchie. Il se créa dès lors entre lui et Groulart, un courant de sympathie dont le Premier Président sut habilement user dans l'intérêt des siens.

On se souvient que Groulard avait été chargé de la garde noble de son beau-fils mineur. Se voyant éloigné de Rouen, centre de ses intérêts, il profita des bonnes dispositions de Bassompierre pour le substituer dans les effets de la garde. Cette combinaison n'était qu'une manœuvre habile pour intéresser le commandant ligueur à la famille de Tilly. Mais en réalité, Bassompierre avait lui-même assez des préoccupations de la guerre. Tous deux s'entendirent pour donner à Me Pierre Onffray, Procureur au Parlement, une procuration générale d'administration. Le compte rendu de la gestion de ce dernier, pendant le séjour à Caen du Président Groulart, est un travail des plus intéressants pour l'histoire de la famille de Tilly et celle de cette période tourmentée de nos guerres civiles dans la Haute-Normandie. Nous y puisons les renseignements suivants :

Au moment de son départ, Claude Groulart habitait dans l'hôtel des Le Roux de Tilly ; il revint s'y installer à son retour de Caen. La maison était située sur Saint-Amand et c'est « dans cette paroisse qu'il faisait offrir encore le 28 mai 1590, un pain bénit du prix de 35 sous. »

L'hôtel faisait partie d'un tènement de maisons « qui se continuaient jusques et proche de la Maison de Mademoiselle Saint-Suplix et où demeurait entre autres le sieur Ballue, maître des Comptes, le capitaine Neveu Follye et plusieurs autres. » Il était vaste, avait cour et jardin, grandes écuries, salles diverses, étude pour le Premier Président, chartrier, chambres aux deux étages. M. de Tilly possédait d'ailleurs à Rouen, une autre propriété, sorte de maison des champs qui est désignée sous le nom de « maison du jardin de dehors le pont ». On ne dit pas où elle était exactement située.

Groulart était parti seul pour Caen. Il fut rejoint

plus tard par sa femme, et plus tard encore par ses deux jeunes filles, qui furent dirigées d'abord sur Dieppe. Elles étaient confiées aux soins d'une nourrice « femme de Jehan, le cuisinier, qui était payée à raison de 20 sous par semaine. »

La maison de Rouen resta tenue par deux servantes ; on ne voulut pas sans doute la laisser isolée après le départ de la dame Groulart, car on y voit demeurer d'abord « un sieur de Broully », puis, en 1591, M. de Caveron et Mme de Daubeuf. Mais Groulart n'eut pas à se louer de leur séjour chez lui, car il dut payer 50 livres de réparations « à raison de brisement et enfondrement aux huys du chartrier faits pendant que les sieurs de Caveron, et dame de Daubeuf estaient logez en la dicte maison et où le sieur de Mouchy fréquentait journellement, auquel chartrier avait été prins la plupart des bons et meilleurs livres du dit feu sieur de Thilly avec une grande violle et un luth estant en son estuy. »

Comme Groulart avait dû partir rapidement, il n'avait pu emporter que le strict nécessaire. Il fut donc obligé de pourvoir au plus pressé et peu à peu se fit envoyer de Rouen, par le bateau de Caumont, ce qui lui manquait : des cours de droit civil et canon, « de la toile baptiste pour l'usaige des deux petites demoiselles au prix de 70 sous l'aulne, de la dentelle pour accommoder les dites damoiselles pour 70 sous, des souliers pour Madame, 30 sous, deux jeux de dames, l'un d'ivoyre blanc et l'autre de bois d'ebeyne 8 livres 10 sous, deux bonnets carrés 100 sous, des ceintures renforcées et deux paires de jarretières, 10 livres, du blé pour la nourriture, etc. »

Il se décida assez tard à se pourvoir d'un ameublement plus confortable que celui dont il s'était contenté dans les premiers temps de son séjour en Basse-Normandie. Il profita de la venue de ses filles, qui lui arrivaient par Dieppe et le Havre, sous la conduite de Mlle du Thuit, pour se faire adresser des étoffes de tenture et divers papiers de famille.

« Deniers employez pour les frais qui ont esté faicts par le dit Onffray pour quelques meubles et papiers que icelluy Onffray aurait envoyez à mon dit seigneur le Premier Président estant lors à Caen et délivrez à Fleury pour les porter à la conduicte de Mademoiselle du Thuit jusques au Havre et lesquels ont été délivrez par icelluy Fleury a mon dit Seigneur en la ville de Caen.

« Premièrement :

« A été payé pour deux aulnes et demye de canevas au prix de 10 sols 6 deniers l'aulne pour empacquetter trois pentes de ciel de tappisserie à la moresque de coulleur de bleu, orange et blanc à frange de layne orange et blanc, quatre rideaux de sarge d'ascot turquyne accoustrés de passements de même frange, deux pentes de ciel de drap vert broudé de velours riche de satin cramoisy et blanc accommodé d'or, d'argent et soye, la frange de soye verte et blanche couverte d'une crespine d'or, avec quatre rideaulx de taffetas incarnat bordés d'une petite frange de soye blanche et cramoysie, et un tour de ciel de camelot incarnat à frange de layne rouge avec trois rideaulx de même camelot, et lesquels ciels et rideaulx avaient été baillés et mis ès-mains du dict Onffray par Marie Lasnon lorsqu'elle partit de ceste ville avecque les deux petites damoiselles filles de mon dict seigneur pour soy en aller à Dieppe et ce suivant mandat de mon dict seigneur du 13 décembre 1593, la somme de .... xxxv sous.

« A été payé pour une caisse de bois de hestre à mettre les comptes de la tutelle de M. de Tilly, rendus tant par madame que mon dit seigneur avec aultres papiers tirés d'un coffre de cypprès lors des barriquades par le commandement de mon dit seigneur et délivrez au dit Onffray par madame Symon pour iceux garder ensemble aultres pappiers qui estaient dans deux petits coffrets de bois de haistre que feu Messire Valentin et Guillaume Tourmente, masson, avaient mis en garde en certaine maison sise en la rue de l'Aumosne que le dit Onffray avait retiréz lors de l'advertissement à lui donné par le dict deffunt Tourmente, après partement du dit Messire Valentin, que la contagion estait en la dite maison où avaient été mises en garde les dictes écritures, et les quels pappiers concernaient le particulier de mon dit seigneur, le tout envoyé à Caen suivant commandement de mon dit seigneur du 13 décembre 1591 et envoyiez le 20 dudit mois par le dit Fleury, a été payé tant pour la dite caisse que toile cire à l'envelopper et corde la somme de .... lxxv sous.

« A esté payé à un brouettier pour porter tant la dite caisse que ballot où estaient les dites lettres et escriptures depuis la maison de monsieur du Bourg-

theroulde où estait logée lors madame de Bassompierre,
et où les pacquets et emballements avaient été faicts
pour raison de la rigueur du temps jusques au logis de
M. de la Haulle où estait lors logée la dicte demoiselle
du Thuit....................................... v sous. »

Comme on le voit, Groulart avait fait donner loge-
ment chez son frère à Mme de Bassompierre. On com-
prend pourquoi ; il cherchait à protéger autant qu'il
était en son pouvoir les propriétés très menacées de la
famille. Plusieurs de ces propriétés étaient même déjà
fort compromises.

La seigneurie de Noyers sise aux Andelys avait été,
dès 1589, fortement réquisitionnée par les troupes de
la Ligue et les grains portés au Château Gaillard que
commandait alors M. de Boschyons. Plus tard elle avait
dû, sur les ordres de Martin Vaudichon, garde général
pour le roi des vivres et munitions, subvenir à l'appro-
visionnement en blé de l'armée royale. Le fermier
Pigache entièrement ruiné et ne pouvant suffire aux
paiements qui lui étaient demandés, avait été incarcéré
pour la taille dans les prisons de Lyons.

La seigneurie de Becdale à Acquigny n'était pas
mieux partagée ; son intendant Jean Ravault cherchait
en vain à la protéger. Bassompierre lui-même ne se
gênait pas pour la mettre à contribution et se faisait
adresser à Paris où il était resté malade après son
retour de l'armée de Meaux, 1,500 écus, — puis, à
Rouen, 600 écus pour la rançon d'un sieur de la Fou-
cherie dont il avait répondu.

Groulard, ou plutôt son mandataire Onffray, n'avait

pourtant pas perdu de temps. Il avait même pris les
devants et, dès le 17 janvier 1590, « il expédiait plu-
sieurs sauvegardes obtenues du seigneur duc de
Mayenne et délivréez à la faveur du dit seigneur de
Bassompierre pour la conservation tant des maisons de
Rouen, jardin et maisons du dehors le pont, chasteau
de Tilly, Becquedal et aultres terres des environs de
Louviers. »

Le 29, du même mois, Onffray prenait une précau-
tion qu'il croyait sans doute décisive. « Il payait à
Raoul Le Pilleur, peintre sculpteur demeurant à Rouen
près la ville d'Envers, 7 livres 10 sous, pour trois
tabliaux de bois où estayent paintz les armaryes du dict
seigneur duc de Mayenne, painctz en huille enrichi
d'or moullu dont en fut applicqué, ung en la maison de
Rouen, l'autre à la maison du jardin du dehors le pont,
et le tiers par après envoyé au chasteau de Tilly. »

Malgré les sauvegardes délivrées, le domaine de Becdale avait été saisi et le château de Tilly militairement
occupé. On sait par l'arrêt du 16 mars 1592, rendu à la
requête de M. de Bourgtheroulde et dont il a déjà été
parlé, les maux dont ces propriétés avaient eu à souf-
frir.

En mai 1590, un corps de l'armée de la Ligue, com-
posé de vingt-deux compagnies de gens de pied sous la
conduite de M. de Tavannes, était passé par Bourgtheroulde, avait pris le château de la Mésangère et était
venu battre les murs de celui de Tilly dont il s'était
emparé. Le pillage s'en était suivi : meubles, linge,

vaisselle, vêtements, tapisserie de haute lisse avaient été emportés.

Quelques jours après, quinze autres compagnies commandées par le capitaine Mercier, s'établissaient de force dans le château et s'y livraient aux pires excès.

Dans ces circonstances critiques, Onffray déploya une activité et une énergie vraiment dignes d'éloges.

Le 19 octobre 1590, il envoyait le jardinier Quesnay porter au régisseur de Becdale « des lettres du dit seigneur de Mayenne avec celles de Monseigneur de Bassompierre adressantes au sieur de Fontaine Martel et au Conseil de l'Union estably à Louviers par lesquelles leur estait fait commandement par le dit sieur duc de Mayenne, avec prière du dit sieur de Bassompierre, de bailler main-levée à Ravault, recoveur de la saisie qui aurait été au précédent faite des héritages, fruits et revenus du dit sieur de Tilly. »

Bientôt, apprenant que ces pièces n'avaient pas produit l'effet qu'on en pouvait attendre, il faisait parvenir à Bassompierre, au camp de Meaux, la minute toute préparée de lettres patentes destinées au vicomte de Tavannes pour obtenir la sortie de la garnison du château de Tilly. Le porteur, Noyon, n'avait pas été sans rencontrer de grandes difficultés. Deux fois il avait été volé, « ses pacquets ayant été lacérés et rompus par les gens de guerre ». La troisième fois seulement il était parvenu à accomplir sa mission et il avait rapporté « la dite main levée avec rescriptions adressantes tant au sieur de Tavannes que au dit sieur de Fontaine Martel et au dit Conseil de l'Union de Louviers ». Le voyage

de Noyon avait duré vingt jours et il lui avait été alloué
30 livres.

Le 6 novembre 1590, nouvelles lettres patentes or-
donnant à M. de Tavannes de faire sortir le capitaine
des Buquets du château de Tilly.

Tavannes fut longtemps à se rendre à ces injonctions
réitérées; quatre mois après, les troupes de la Ligue
occupaient encore le château de Tilly. Il finit par con-
sentir à les retirer, mais il exigeait des garanties.
Noyon fut expédié, le 30 mars 1591 « par devers le
sieur de Heudreville estant lors au Pont-Audemer afin
d'avoir l'assurance tant du gouverneur du dit lieu que
du sieur de Raoullet, commandant au Pont-de-l'Arche,
que la garnison sortant du lieu de Tilly, il ne lui serait
dressé aucunes embuscades sur les chemins, et ce suivant le commandement faict au dit Onffray par le sieur
de Tavennes, aux quels lieux de Pont-Audemer et de
Pont-de-l'Arche, le dit Noyon aurait fait deux voyages
et aurait rapporté les dites asseurances. »

On leva alors des mains de Robert Le Picard, greffier de l'Union, une expédition de l'ordonnance de
Tavannes « prescrivant au dit des Bucquets, cappi-
taine, de désemparer et sortir hors, avec sa compai-
gnie, du dit château de Tilly ». Les troupes partirent :
cependant l'année suivante, Onffray n'était pas encore
très rassuré, car le 30 avril 1592, il envoyait au sieur
du Vau, au camp du duc de Parme à Caudebec, un de
ses hommes « avec mémoires et missives de Onffray et
le formulaire des sauvegardes qu'il convenait obtenir

tant du dit prince de Parme que du duc de Mayenne pour la conservation du chasteau de Thilly ».

On sait que l'arrêt du Parlement de 1592, accordait à la famille des Le Roux de Bourgtheroulde et de Tilly un recours pour tous les dommages qu'ils avaient soufferts, contre les ligueurs et rebelles, auteurs du délit. Il est fort probable que cet arrêt ne put jamais être mis à exécution.

Après la capitulation de Rouen, Groulart put enfin revenir prendre possession de son siège. Sa première préoccupation fut de remettre en état la maison de la famille de Tilly dans laquelle il demeurait. Elle avait été fort endommagée et Ouffray avait déjà dû emprunter en deux fois, à M. de Bréquigny, une somme de 500 écus pour pourvoir aux réparations et réédifications. Plus tard, on avait encore dépensé 715 livres remises par un sieur Doublet. De nombreux travaux de maçonnerie, couverture, peinture, serrurerie, menuiserie, charpente, furent encore reconnus nécessaires et exécutés pour un chiffre total de 1,700 livres environ. On ne verra peut-être pas sans intérêt le prix des diverses fournitures : les poches de plâtre à 6 deniers, les poches de chaux à 5 sous, le banneau de sable à 15 sous, le millier d'ardoises d'Angers à 21 livres, la poche de ciment à 6 sous, la livre de corde à 1 sou, le sciage de colombages à 6 deniers par pied, 36 bottes de vaulettes pour les palissades du jardin, à 15 sous, le banneau de vidange à 4 sous, la journée de jardinier 9 sous, le ramonnage d'une cheminée 2 sous 6 deniers, la journée de manœuvre 10 sous, la journée d'une femme de ménage 6 sous, une clochette à mettre à la porte de la rue avec sa corde 14 sous 6 deniers.

Parmi les travaux exécutés et qui peuvent donner une idée de la maison et de la distribution des pièces, on peut indiquer le nattage de la chambre du Premier Président, de la chambre contiguë de ses filles, de son cabinet d'études, d'une chambre de devant, de la petite salle d'hiver et de la chambre en dessous, où Groulart demeurait habituellement, d'une autre chambre voisine où il couchait avant les troubles. Les détails abondent :

« A été payé à Fernandez Lehec painctre sculpteur pour avoir racoustré les tableaulx des cheminées de la salle, petite sallette et de la chambre de dessus, reverny iceulx, racoustré et repainct le tableau qui est sur la chemynée de la chambre où couche mon dit seigneur ; auquel tableau est le poultraict de Tilly, et pour avoir painct les devantures du corps de logis de mitan, tant du côsté de la cour que du jardin, blanchy les parois, painct les fenêtres tant de la grande salle que petite salle, mesme les fenestres de la chambre de mon dict seigneur, blanchy la gallerie qui va au jardin, painct le porche de la salle, la coquille du degré jusques au grenier, le tout de bon blanc de plomb couleur de bois, verdy les ais de l'estude de mon dict seigneur jusques au nombre de quatorze tous neufs, vingt-quatre tai-brins, quatre montans, deux chassis aussi qui ont été posés neufs avec quatre autres petits ais, reverdy les vieux ais et embouchures des fenêtres de la dite estude.

. . . .

« A été payé à M. Estienne de Rouen sculteur, pour

avoir nettoyé les chemynées tant de la grande salle que
petite, ensemble celle de la chambre de dessus, la grande
salle, reffaict les mufles et griffes des lions estant aux
jambes de la chemynée de la grande salle, racoustré les
figures de toutes ces dites chemynées et icelles reblan-
chies de blanc de plomb.............................

« A été payé à Madame Hérambourg marchande de
draps pour trois aulnes un quart et demy de cresseau
vert pour couvrir les deux huys tant de la grande salle
que de la chambre où couche mon dit seigneur au prix
de soixante et cinq sols l'aulne....................

« Plus a été payé au dit Rousselin malletier, pour
avoir accommodé les deux huys du dit cresseau, quis le
ruben et clou, racoustré une douzaine de grandes chaires
couvertes de cuyr noir apportez du Bosgouest... »

Groulard recompléta l'ameublement en faisant venir
aussi une partie du mobilier de Becdale, entre autres
des tapisseries pour tendre sa chambre et la grande
salle.

Si intéressant que soit le compte de Pierre Onffray,
il est trop long pour être reproduit. Ce qui en a été
extrait suffit d'ailleurs pour mettre en lumière certains
faits qui, jusqu'ici, étaient peu connus.

L'administration d'Onffray avait été prudente, active
et dévouée. Groulart lui en donna décharge au mois de
décembre 1595 : on trouve sa signature à côté de celle
de Le Roux de Tilly au pied du mémoire. Mais Groulart était en même temps trop formaliste et trop méti-
culeux pour ne pas exiger que les honoraires de son
mandataire fussent vérifiés et régulièrement arrêtés.

Onffray dut les présenter à la taxe de deux conseillers du Parlement qui lui allouèrent, pour ses soins, 638 livres 10 sous.

Groulart avait eu de Barbe Guiffart cinq enfants, un fils, Henri, seigneur de la Cour, qui fut conseiller d'Etat et ministre plénipotentiaire ;

Et quatre filles : Isabelle, mariée à Nicolas Bretel, président au Parlement ; Marie, femme de Nicolas Servien, seigneur de Montigny, trésorier de France ; Marguerite, qui épousa Jean Hallé, seigneur du Thuit, conseiller à Rouen, et Barbe, épouse de Jean Bigot, sieur de Sommesnil, conseiller à la Cour des Aides.

Par son contrat de mariage avec Claude Groulart, Barbe Guiffart avait donné par avance aux enfants à naître de son union le tiers de ses immeubles. Elle augmenta ces avantages par une disposition du mois d'avril 1598 :

« Je soussigné Barbe Guiffart congnaist que par mon contract de mariage fait l'an mil cinq cent quatre-vingt-quatre avecque Monsieur le Premier Président, jay donné aux enfants qui sortiront de nous deux le tiers des biens immeubles que j'avais lors du dict mariage au bailliage de Caux et lieux tenant nature d'iceluy. D'autant que par le décès de feu madame d'Osmonville, ma mère, me sont encore écheus plusieurs rentes et héritages aux sus dits lieux, j'ay déclaré et déclare que sur les dicts biens qui m'en sont venus en Caux et lieux tenant nature d'iceluy, mon intention est de donner comme de fait je donne à mes enfants que j'ai eus et pourrais avoir de mon dict mariage, la somme de mil livres de rente et jy entends que s'il meurt de nos dicts enfants, sans enfants, que la part et portion en accroisse aux autres de notre dict mariage, sans que mon fils de Tilly y prétende rien sinon au cas qui mourust tous ou toutes sans enffants. J'entends de ces dictes donations en jouyr ma vie durant. Fait à Rouen en apvril mil cinq cent quatre-vingt-dix-huit. »

« *Signé* : BARBE GUIFFARD. »

Ces dispositions auraient pu être contestées par Robert Le Roux de Tilly, l'enfant du premier lit. Mais le pupille de Groulard n'était pas seulement un magistrat distingué et un savant, c'était aussi un fils désintéressé et respectueux de la volonté de ses parents. Il ne pensa même pas à sauvegarder ses droits compromis, et peu de temps après, sa mère étant venue à mourir, il ratifia, par acte authentique du 24 janvier 1599, le testament de celle-ci.

Groulard, en présence duquel cet acte était passé, en profita pour assurer aux enfants issus de son mariage avec Barbe Guiffard « le tiers intégral des conquets qu'il avait faits durant son dict mariage et pourra cy-après faire, oultre le don qu'il leur avait fait par le dict contrat de mariage passé devant les Tabellions de Rouen le mercredy après midi, troisième jour d'octobre mil cinq cent quatre-vingt-quatre ».

Robert Le Roux de Tilly mourut en 1638. Il fut inhumé dans l'église des Célestins du Val de Rouen, près de son fils Nicolas.

Le 12 novembre 1639, sa veuve, Marie de Bellièvre

et ses fils Robert Le Roux, conseiller au Grand Conseil, Pomponne Le Roux, Chevalier, capitaine au régiment de Champagne, et Claude Le Roux, conseiller au Parlement de Rouen, donnèrent aux religieux Célestins de cette ville, une rente foncière de 120 livres, à la condition qu'il serait dit dans la chapelle où était inhumé M. de Tilly, — tous les jours à huit heures une messe basse, — tous les lundis une haute messe chantée avec diacre, sous-diacre et luminaire autour de la tombe, — deux obits les 24 mai et 18 juillet de chaque année.

La famille obtenait le droit d'agrandir le tombeau funéraire, d'y mettre une épitaphe et de mentionner par une inscription, dans la chapelle, la fondation avec les charges qu'elle comportait.

Quant au président Groulart, on sait qu'il est mort en 1607.